放屁
ON BULLSHIT
名利雙收的詭話

美國哲學家，普林斯頓大學道德哲學榮譽教授
哈里・法蘭克福（Harry G. Frankfurt） 著

南方朔 譯

目錄

【導讀】不雅的題目高雅的學問

知名政論家　南方朔

二〇〇五年，著名的倫理學家，普林斯頓大學道德哲學榮譽教授法蘭克福（Harry G. Frankfurt）出了這本篇幅極小，題目極驚人但也極重要，但寫法卻極學術的《放屁》（ON BULLSHIT）。這本書在英美都引起廣泛的討論與肯定。

「放屁」是一種語言現象，它充斥每個社會，在政客間最為常見。但如此重要的現象卻始終未曾受到注意。法蘭克福教授對這個問題加以研究，可算是第一次。而大師出手，果然不同。這本書的貢獻，在於它以最嚴格的論證，指出了放屁之害大過說謊。單單這個結論，就足以振聾發聵，不但對人們的言語、道德有啟發，對喜歡放屁的政客尤其有警示作用。

《放屁》，書名似乎欠雅，但論證完全用學術規格，不雅也就變成了雅，由於它以嚴格的哲學分析方法切入，整本書讀來，就讓人難免有「說不難但卻很難，說很難但又不難」的感受。

這本書必須慢慢閱讀，細心體會，才可能進得去。

讀這本書的好處是，它可以大大增強我們對問題的思辨能力，這樣的書，讀了之後一定會得到很多，從小問題可以延展成大論述，這本書不虧為高人手筆。

本書極小，譯成中文不到一萬四千字。我的建議是，拿到書後，立即通讀一次，不能體會沒關係，因為我們會讀到許多重要且相互關聯的片段，對它就會有一個雖不完全但也不會錯的整體感覺，當有了這樣的感覺，我們再去細細讀時，就更容易心領神會。

《放屁》是一本有硬功夫的小書，硬功夫的大著作皆一定重要，但卻會把人嚇到。而這本小書，題目驚人，但卻功力十足。或者讀過這本有趣的書以後，我們不但對言語現象會有更深的體會，甚至還可能勾起對硬功夫學問的興趣。果而如此，那就更好了。

推薦序

不只是哲學——與真假有關的放屁文化

國立臺灣大學哲學系教授　苑舉正

單看書名就知道，這是一本我學哲學幾十年來，遇到過最特別的書籍。它的特別之處有三點：第一、書名非常震撼；第二、奇短無比；第三、分析的異常透徹。

二〇〇五年，在普林斯頓大學任教的法蘭克福，以《放屁》之名，寫了這本書的時候，立即轟動一時。

我當然對書名感到好奇，但閱讀之後，我發覺這本書的內容，指向一個我們不常注意，卻與人有密切關係的現象。

人活在世界上，唯一的目的就是活得好，活得美。許多人認為，這就是幸福。幸福是要透過努力爭取來的，但在爭取幸福的過程中，我們依靠的就是兩樣能力：理性能力與感性能力。

通常我們都認為，理性能力高過感性能力，但這一本書卻告訴我們，在日常生活中，往往感性能力的展現，可能比理性能力，更普遍一些。

理性能力是我們道德意識的基礎，讓我們知道真假的分辨。可是在感性的面前，卻出現了一種現象，就是對我們而言，說實話並不如想像中的那麼具有必要性。

事實上，我們經常聽到別人用「放屁」的態度，講出他們的信念，而且還以表達真實的形象，大言不慚地「放屁」。

這一本小書討論的最主要題目，就是「放屁」跟說謊之間到底存在一個什麼樣的關係？事實上，這是一個很重要的議題，因為我們經常認為，人有說實話的義務，可是經常聽到的是「放屁」！這到底是怎麼一回事呢？

想要充分地掌握這本書的內容，其實並不容易，主要的原因是它運用分析的方法，從定義開始，比較幾個與「放屁」類似名詞的定義，然後再針對「放屁」的原委，歷程，以及應用作詳細的說明。我分成四點，給讀者做全面的簡介，讓大家理解，「放屁」在現代社會中，是重要的哲學題目。

本書在一開始的內容中，就針對「放屁」的定義做說明。這個說明的方式很特別，因為他是用字典的定義，加上其他相關的理念，作為輔助。在這些理念中最重要的是「鬼扯」。

「鬼扯」跟「放屁」之間的關係，有不同的地方，也有相同的地方。不同的地方是，「鬼扯」的態度好像比較輕浮，而「放屁」的態度比較認真。它們相同的地方是，無論是「鬼扯」也好，「放屁」也好，它們都不完全在說謊；這一點是本書的重點。

顧名思義，說謊就是把真的事情隱藏起來，說出假的事情。所以，在態度上，說謊最明顯的特徵是，說謊的人知道真理是什麼，然後有意識地不說真理，說出假話；這叫說謊。

在「放屁」與「鬼扯」上，都不是這麼有意識地在說假話。「放屁」的人說話時，好像是以一種想要說出真話的態度，把自己的信念說出來。這跟說謊有本質上的不同，其中最重要的差別就是，態度。

其次，「放屁」的原委是什麼？作者引用了知名哲學家維根斯坦的觀念作為說明。這個觀念說，我們應該積極地發揚理性，不管任何細節，都要以真實為主，無論有沒有人注意，我全心全意地在彰顯真實。

這個觀念，說明「放屁」的人，其實對於事實並不是完全不知道，而是他並不在乎事實的原委。從人生的角度而言，這也就是說，凡事不必活得那麼認真，大致就可以了。當然，這種馬馬虎虎的態度，是禁不起理性的檢驗，卻是我們在感性生活中，經常發生的。

承接前面一點，我們可以感覺得到「放屁」所講的內容，的確不真，但是也不完全是謊言。「放屁」是一種人生態度。我們經常做出像講真話的模仿，實際上包含不真實的內容。

所以，「放屁」講的東西，聽起來很像真理，卻不是真理。

這也就說明，「放屁」的人並不在乎，他「放屁」的內容是不是真理，而更在乎的是，他在「放屁」的時候，所用的是什麼態度。

在閱讀本書的過程中，我從前面的三點發現，「放屁」只是一個人生中的現象；它不夠嚴肅，它不夠理性，它用了很多似是而非的方式，敘述我們日常相信的東西。可是在民主社會當中，「放屁」有什麼問題呢？這是我們最後要回答的地方。

在民主社會中，我們對於「放屁」的現象，不會覺得陌生的原因，是因為在民意訴求下，一個政治人物都要不斷地以誇大的方式，嘩眾的語言，討好選民的內容，呼籲大家團結、支持與合作。面對群眾時，許多政治人物會情不自禁地用「放屁」的方式，說出自己的信念。

這當然是在民主社會中屢見不鮮的現象，可是它們對於我們的政治發展上，有的時候起了很多負面的作用，這是我們在瞭解放屁這個概念時，必須注意的地方。

最後我必須說一說，我個人對於「放屁」這個現象存在人生中的感覺。我認為，人生應該是朝向理性發展，但是我們必須面對別人以感性的態度活著。因此，「放屁」的現象永遠存在，也可能會影響我們的生活，甚至會帶來負面的效果。那麼，我們應該怎麼作呢？

答案很簡單，就是要學會用哲學來思考，瞭解「放屁」發生的原因是一種態度，是一種想法，是人生中必然會出現的現象。

我向國人鄭重地推薦這本小書。這本書雖然短，但是他值得一讀再讀，因為它告訴我們的，不單單是一個哲學的分析方法，也是一本涉及倫理道德，有關善惡的著作。

推薦序

在放屁與真實中穿梭的年代

〈菜市場政治學〉共同作者　吳冠昇

和政治哲學的初次接觸，是十年前我在成大政治系修習梁文韜教授的政治哲學導論。梁老師上課指定了一本英文原文教科書，對於外文系的我，在閱讀上雖不是十分困難；然而，當時對於政治科學一知半解的我，修起這門課卻讓我嚐盡苦頭。在那個學期中，即使我反覆閱讀文本，仍然對於所探討的議題，如自由、民主、正義、權力懵懵懂懂。和身邊幾位朋友交換意見，才發現大家都經歷著類似的狀況。最後，靠著與朋友在考試前討論惡補，才勉強通過了梁老師的課。

那次的修課經驗讓我對於政治哲學這個領域產生莫大的敬佩，也猜想自己不適合研習這方面的議題。所以，在美國修讀政治學博士班之中的研究重點都是國際關係，特別是國際安全方面的民意研究，也逐漸和政治哲學的領域漸行漸遠。

當這次受邀來為美國著名哲學家，哈里·法蘭克福的名著《放屁》，撰寫推薦序的時候，心裡是誠惶誠恐的。一方面擔心自己對於政治哲學的外行，會誤導讀者，另一方面也害怕，過去修習政治哲學課程的夢魘是否會捲土重來。

在閱讀完本書之後，我理解到先前是多慮了。本書淺顯易懂，相信即使是沒有經過政治哲學訓練的讀者，都能從此書得到收穫。我甚至認為此書應作為政治哲學課程的指定閱讀讀物。

《放屁》此書利用嚴謹的邏輯，來對於我們日常生活常用詞「放屁」，進行嚴格的定義。在資訊爆炸的年代，我們每天都接收來自四面八方的訊息。為了有效率的吸收眾多的資訊，我們常無意識的對不認同的資訊稱為放屁。

然而，根據本書的研究，這樣的行為是誤用了放屁一詞。當一個人真的在說屁話的時候，說話者本身對於他表述內容的真實價值，是完全不在意的。他所在意的，只有他所放的屁是否能符合他的行為目的，例如獲得聽者的支持。這與存心想要說謊的人顯然不一樣。說謊的人知道事實，但卻故意捏造了一個謊言來欺騙聽者。但放屁的言論本身卻和事實完全沒有關聯。

很弔詭的是，雖然放屁的行為看起來很嚴重，因為可能誤導了接收到資訊的一方，但實際上放屁者在社會上所受到的譴責與處罰，是遠比說謊者來的小。對於放屁的人，我們除了可以指責他的行為是放屁，好像也很難指出他觸犯了哪條法律。哈里教授認為這樣的結果對社會其實是有害的。畢竟，當放屁的人越來越多，而社會大眾也了解到放屁的行為沒有嚴重的後果，那結果可能就是越來越多人會學習放屁了。如果這天真的到來，那社會上對於事實本身的追求也將被拋諸腦後。那該如何避免呢？詳讀此書是一個很好的開始。

推薦語

國立中山大學社會學系教授　萬毓澤

什麼是「狗屁」？作者抽絲剝繭，對這個詞彙提出了細緻的語用學分析，指出「狗屁」不等於「說謊」，而是一種「認為事實真相如何都沒有差別的態度」。當政客滿嘴屁話，其用意不是溝通信念，而是要達成特定目的，如蒙混過關、營造形象。由於「屁話」根本不在乎真實，其負面效果可能比「謊言」更嚴重，但社會對「說屁話」（或台灣語境下的「講幹話」）的容忍度往往比「說謊」還高。何以致此？作者沒有提供答案，但值得我們深思。

推薦語

現今…世道…一切…真假…難辨…
亦或…已無人…在意…所謂…虛實…
講者…講得…頭頭…是道…
聽者…聽的…似懂…非懂…
不懂…裝懂…有聽…沒懂…

財哥專業檳榔攤

放屁

沒話…找話…硬聊…刷存在感…
種種…現象…不時…可見…
出現…生活…周遭…
道理…自在…人心…
但有時…我們…自以為…的…道理…
也許…只是…他人…口中的…放屁…

在我們的文化裡，最突出的特徵之一，就是有太多的人說話像在「放屁」。

這點每個人都知道，而且，每個人都貢獻了一部分，但我們卻傾向於把這種情況視為理所當然。

大多數人都相信自己有能耐分辨出誰在放屁，不至於受害，因而這個現象遂激不起嚴肅的關切，也無法受到不斷的探討。

因此，什麼是放屁？為什麼有那麼多人說話如放屁？放屁究竟有什麼作用？對這些問題我們並沒有清楚的理解，於是我們在放屁對我們有何意義這方面，也就缺乏以真誠發展出來的認知。

易言之，對放屁，我們少了理論。

我因而決定開始對放屁問題做出理論的理解，主要是提出一些先驅性與探討性的哲學分析。我無意思考放屁的運用及濫用的修辭問題。我的目的只是要對何謂放屁做出概括解釋，以便大家區分出放屁和不是放屁有何不同，並以多少有點不同的方式，明白的勾勒出放屁這個概念的構造。

放屁的構成在邏輯上有什麼充分且必要的條件？對這個問題要做出任何主張，多少都有些武斷。

其一，當人們用「放屁」這個說法時，通常都很鬆散不嚴格，只是當做描述語言濫用的概括名詞，並沒有字義上的特別意義；其次則是，這種現象太大且形狀不固定，對它的概念要做出清晰明快的分析，都會造成削足適履的結果。

但儘管如此，雖然不太可能得到定論，且有關放屁現象的最基本問題仍然存在、也未被解答，甚至連問都未開始，可是去做一些有益的討論，應當仍是可能的。

據我所知，有關這個問題的研究極少，我無意對此做文獻研究，因為我不知道該怎麼去做。但人們皆知，有一個很明顯的地方，即《牛津英語辭典》可以找到。它在附冊裡有「放屁」（Bullshit）這個詞條以及相關的詞條，在適當的時候我將對其中一些加以討論。我沒有查其他語文的字典，因為我不知道他們怎麼稱呼「放屁」。

另外一個有用的資料，則是布雷克（Max Black）在《鬼扯連篇》（The Prevalence of Humbug）一書裡的同名論文。我不確定「鬼扯」（Humbug）和放屁的意思有多接近。當然，這兩個詞並不可以自由而完全的交換使用，這顯示出它們在用法上並不相同，但就整體而言，這兩個詞的差別，主要在於講話風度和修辭的考量，而不在於我最關心的嚴格字義上。「鬼扯」的用法比較斯文，不像「放屁」那麼強烈。為了討論之便，我認為這兩個詞並無其它更重要的差別。

布雷克舉出了許多「鬼扯」的同義詞，包括廢話（balderdash）、噱頭（claptrap）、空話（hokum）、蠢話（drivel）、胡說八道（buncombe）、鬼話（imposture）、大肆吹噓（quackery）等，這一連串古怪的同義詞，其實並沒有多大的幫助，但他還是針對問題，提出了這樣的正式定義：

鬼扯：欺騙性的誤語，但卻不到說謊的程度，尤其是藉著虛偽的語詞或作為，不正確的表述某人自己的思想、感覺或態度。

為了讓「放屁」的本質特徵得以顯示，也應當像這樣的將其公式化，而為了替它發展出獨立的特性，我將針對布雷克定義裡的各種成分加以評論。

所謂「欺騙性的誤語」：聽起來有點冗贅，無疑的，布雷克心裡認為，鬼扯必定是設計或意圖用來欺騙，而這種誤語是蓄意的。易言之，它乃是一種盤算過的誤語。

我們有必要釐清觀念：如果「欺騙的意圖」是鬼扯的必要特徵，那麼，鬼扯的特性就至少有一部分取決於做出該行為者的心態；相對的，說話者心態不會直接或間接與鬼扯行徑的外在特徵完全相符。可以這麼說，鬼扯的行為特性與說謊類似，但不等於講假話，也不等於假話內容的任何特性。鬼扯的成立要件是，說謊者在陳述時抱著某種心態，就是——有騙人的意圖。（說謊是講假話騙人，鬼扯則是想騙人，有可能說真話，也有可能說假話。）

於是出現進一步的問題：是否某些特徵是鬼扯和說謊的成立要件，卻不必根據鬼扯或說謊者的意圖和信念而判定？反過來說，是否只要說話的人有這種心態，不管他說什麼，他表現出來的就是鬼扯或謊言的行徑？

對說謊的一些論點指出，除非說了假話，否則不算是說謊；而其他的解釋則認為，縱使一個人所陳述的內容，只要他相信這段陳述是假的，還意圖藉此欺騙別人，就可以算是說謊。

那麼，鬼扯和放屁如何分別呢？是否可以說，只要說話的人心態符合、或者所說的內容具有某些特質，就可以說，發表這種內容已經符合鬼扯或說謊的標準？

所謂「但卻不到說謊」：認為鬼扯「不到說謊的程度」，它的意思是鬼扯具有某些能與說謊者區分的特性，但卻缺少了另外一些特性。但這還不足以區分兩者，畢竟，語言的每種用法都毫無例外的具有某些但非全然的說謊性質——如果沒有別的情況，則某一種說法只不過是語言的一種用法而已。但若把語言的每種使用情境都認為不到說謊的程度，則明顯是不正確的。

布雷克的定義挑起了一串連續而無法彼此切割的觀點，說謊在其中占了一段，而鬼扯則獨占了更前面的位置，有什麼連續性的東西會像這樣，沿著它，人們先遇到鬼扯，然後才會遇到說謊？說謊和鬼扯都是一種誤語，一瞥之下，其實很難顯而易見的將這兩種誤語，按其程度的不同而分別開來。

所謂「尤其是藉著虛偽的語詞或作為」：這個說法裡有兩點值得注意。其一，布雷克不僅認為鬼扯是個語言範疇，也認為它是個行為範疇，因而可藉著語言或行為而實現；其二，布雷克用了限定詞「尤其是」，意謂著他不認為「虛偽」是鬼扯的必要或完全不可缺的特性。

毫無疑問，有許多鬼扯是虛假的，放屁也一樣，而更進一步的「虛偽的放屁」，則早成了人人慣用的口語。我認為，當放屁被歸於虛偽做作，是因為此種虛偽做作所涉及的是動機，而非放屁本身中的組成元素是虛偽的。

在我看來，一個人虛偽做作，並不是這個人因此需要表現出放屁行徑的原因之一；更常見的狀況是，放屁行徑導致說話虛偽做作。不管怎麼說，我們沒必要認為：放屁的動機總是必須基於虛偽做作。

至於所謂「不正確的表述某人自己思想、感受或態度。」這種說法認為，在鬼扯的人乃是錯誤的表述自己，這引發了一些關鍵課題。

首先，當一個人故意錯誤的表述任何事情，不可避免的，他一定是錯誤的表現自己的想法。

當然，一個人純粹就是錯誤的表達自己，這也是有可能的，好比說，他假裝某種欲望或態度，但事實上卻沒有。如果有個人說謊或錯誤的陳述某些事，那麼他一定是錯誤的表述了兩點：他錯誤的表現他所談到的事情，包括論述時的主題和參照對象都錯；而他在這麼做的時候，他也無可避免的錯誤表述出自己的想法。

布雷克希望，提到鬼扯，則發生的各種狀況都不外乎與表述者的想法有關，但這是不可能的。畢竟，沒有特別的理由可以說鬼扯和想法之外的事情無關。布雷克的意思可能是，鬼扯的主要目的不是設計聽眾，以使其誤信事態可能正如這一番鬼扯的主旨所言。但事實上，鬼扯的主要目的正是要讓聽眾對於表述者當時的想法產生錯誤印象；製造這種印象，就是鬼扯的主要目的與著眼。

對布雷克的定義做了上述理解之後，我們可以回頭看看他在鬼扯定義中所謂的「還不到說謊的程度」了。

如果我向你謊稱我有錢，意味我其實沒有「明白講出」我所相信的事。一個善辯的人可能會堅持認為，雖然我在說謊的時候一定有錯誤的表述自己的想法，這個錯誤表述（我有錢）和我說錯了口袋裡頭有多少錢不一樣，以嚴格的定義來看，不算說謊。

因為，我並沒有直接陳述我的想法，我並沒有肯定表示說：我的口袋裡有二十元，也沒有暗示對方予以採信。換句話說，我給你一個合理的基礎條件，對我相信的事情做出肯定的判斷，我這番肯定說法沒什麼好質疑的。

特別的是，我給你合理的基本條件，俾使你以為我相信我口袋裡有二十塊錢。你會這樣推測是假設性的錯誤所導致，我說謊是為了騙你，以為我的想法是什麼，然而我實質上並沒有謊稱我的想法（我有錢，但是我口袋裡沒錢）。照這麼看來，認為我以「還不到說謊的程度」的方式，錯誤表述個人所相信的事，這種說法並不會不自然與不當。

我們可以很容易就想到一個熟悉的情況，來印證上述布雷克有關鬼扯的解釋。

想像有個演講者在七月四日美國國慶日時，聲嘶力竭的宣稱：

我們偉大且受到祝福的國家，那些開國元勳在聖神的引導下，為人類開創了新的開始。

這些話當然是鬼扯。

如布雷克的解釋所說，這個演講者並未說謊，因為，只有在他意圖讓聽眾相信他自認為假的事情時，這時他才是說謊。追究說謊的重點在於：我們的國家是否偉大，是否被賜福，開國元勳是否得到聖神引導，是否為人類開創了新的開始？但演講者根本就不在意聽眾如何想這些問題，而聽眾也根本沒有人介意演講者講這種話的動機。

這就是鬼扯，七月四日的演講顯然就是鬼扯。原因不在於演講者認為自己說的是假話，而是如同布雷克的解釋裡所說，演講者意圖藉著這些表述，傳達他某些要人家接受的印象。

對美國歷史，這位演講者並不想去欺騙任何人，他在意的乃是人們如何看待他。他要聽眾把他當成愛國的人，覺得他對國家的起源和使命具有深刻的想法與感受，認為他體認到宗教的重要，還對美國的偉大歷史很感動，於是他把對國家的驕傲和對上帝的謙卑合而為一，嘰哩呱啦講了這番話。

由此可知，布雷克對鬼扯的解釋，某些例子會顯得十分貼切。但縱使如此，我並不認為布雷克充分且準確的抓住了「放屁」的本質特性。放屁與鬼扯都不全然是說謊，而且做這種表述的人也都以某種方式錯誤的表述自己，這兩個特質大意都說對了，但是布雷克對這兩個特質的微言解釋，卻還有點模糊。

因此，接下來我將從英國哲學家維根斯坦（Ludwig Wittgenstein, 1889-1951）的傳記裡引用一些材料，替放屁的核心特色做出初步而準確的聚焦探討。

維根斯坦曾經說過：美國十九世紀詩人朗費羅（Henry W. Longfellow, 1807-1882）的下述詩，可做為他的座右銘：

在過去的技藝時代
建築工人每分鐘做事皆付出最大的心力
即使是在看不見的部分
因為諸神無所不在

這幾行詩句很清楚。

在過去，工匠做事不會偷工抄近路，他們做工仔細，注意工作的每個面向。產品的每個部分都被精心設計，務求做得最好。

這些工匠自我要求極高，縱使是在那些別人看不到的地方亦然。

那些看不到的地方，縱使做得不是那麼好，也不會有人注意，但他們卻會良心不安，因此，他們做事做到地氈下也掃不出髒東西，人們即可說，他們做事不留「牛屎」（Bullshit）。（譯注：中文慣稱「狗屎」，延申為「放屁」。）

因此我們可以自然的推斷，惡劣產品在某種方式上即等同於狗屎。但是什麼方式呢？是否狗屎相當於不細心和自我放縱的態度所做的東西，它從未被好好的認真處理，不像朗費羅所提到的那樣小心翼翼注意每個細節？是否這種人天生就是個無心的笨蛋？是否他的產品必然亂糟糟以及很粗糙？

「屎」（Shit）這個字即是說明。排泄物未經過設計或技術的加工，它僅僅是被排泄出來或者拉出來。它多少會有凝聚的形狀，甚或沒形狀，但無論如何，它絕不是刻意做出來的。

於是，很費心製造出來的狗屎，在想法上即出現了某些內在的張力。

對細節細心留意，這需要紀律與客觀，它必須接受各類標準和限制，以杜絕放縱和反覆無常的念頭。而這些客觀無私卻和狗屎扯上關聯，會讓人覺得不適宜，但事實上，狗屎和客觀並非完全不可能無關。

在廣告、公關以及與這些密切相關的政治領域上，即充滿了狗屎的特性，這些例子是這麼的純粹，可以作為這個概念最不爭議和最經典的範例。在這些領域，有一些技巧高明的人，他們借助市場研究、民調和心理測驗的高明技巧，一點也不疲憊的玩著文字語言和意象的遊戲。

而對這些，我們還可進一步討論，不論製造狗屎者多麼努力謹慎，他們的確都是要刻意閃避某些東西，就像散漫的工匠刻意要抗拒嚴格的紀律一樣，這種散漫的真正模式，很顯然的，並不等於對細節問題的粗枝大葉，對此，我將試著更準確的加以討論。

維根斯坦曾以其哲學精力，專注於辨別以及反擊他視為陰險狡猾並且具分裂破壞性的「無厘頭」模式，而在個人生活上他也像這樣吹毛求疵，有段他與朋友法妮亞・巴絲卡（Fania Pascal）

有關的故事可以說明一切。巴絲卡是一九三〇年代他在劍橋大學認識的。巴絲卡後來在回憶裡說道：

我扁桃腺發炎腫脹，住進艾弗琳療養院，覺得很不舒服，維根斯坦來訪，我發牢騷說：「我覺得自己像隻被車輾過的狗。」他很厭惡的如此回答：「妳根本就不知道一隻被車輾過的狗是怎麼感覺的。」

有誰知道這是怎麼一回事？巴絲卡的一句感想，居然有人很正經的唱反調，這實在是太奇怪也太不可思議了。巴絲卡用「病得像狗」這種很平凡的比喻來說自己的感受，它並沒有刺激到會引致讓人不快的反應。如果連巴絲卡這樣的比喻都會惹人討厭，那麼，還有什麼語言的描述和暗指不會呢？

因此，真正的情況可能不是像巴絲卡所寫的那樣，可能維根斯坦只是想講一個小笑話，但卻沒有「笑」果；他也可能是在數落巴絲卡，做了一點誇張的表示以求好玩，但語氣和意圖都被她會錯意了。她以為自己的說法讓維根斯坦厭惡，但事實上，他只是想藉著好玩的誇張式嘲諷和揶揄，讓她高興而已，因而這件事其實並非多麼不可思議和怪異。

但若是巴絲卡體會不出維根斯坦只是在開玩笑，那麼，他的玩笑被她誤認為是很嚴肅的話，也不是不可能的事。她認識他，知道他會有什麼反應，也知道他想讓她感覺什麼，她對他的話無論理解或誤解，從她對他的認識而言，也並非太荒腔走板。

我們可以合理的認為，縱使她理解的並非維根斯坦的本意，但就她對維根斯坦會如何理解她而言，她的想法也當屬真實。為了討論的方便，我可以從字面意義接受巴絲卡回憶的說法，認為從語言的形容與想法用法而言，維根斯坦會做出那樣的反應，的確是不合常理。

那麼，巴絲卡在回憶裡，為何認為維根斯坦那句話答得很讓人反感呢？

讓我們假設維根斯坦說的事實是對的，亦即巴絲卡的確不知道被車輾過的狗是什麼感覺，但縱使如此，當她這樣描述時，她的確沒有說謊；如果當她說自己很痛苦，但事實上則是身體感覺很舒適，這才是說謊。而不管她對狗知道得是多麼的有限，對巴絲卡而言，狗被輾過不會好過是再清楚不過的事了，因而如果她事實上很舒服，但卻說自己像被輾過的狗，這才算是說謊。

巴絲卡認為維根斯坦意圖指責她，並不是指控她說謊，而是指控她做了另外一種錯誤的表述。她說自己「感覺像被輾過的狗」時，她並不真的知道這個句子裡所謂的感覺是什麼。

當然，這個句子對她而言，並不算完全的無意義；我們也不認為她是在胡言亂語，她所說的，有著她確實了解的清楚內涵；

其次，則是她也的確知道這個句子所指的感受是什麼。她至少知道這是一件不欲的、不快的感受，是一種糟透了的感受。

她的話之所以有麻煩，乃是她要傳達出比她單純的感受更多一點的東西。她把自己的感受定位成一種太少有、太獨特的經驗，它不只是一種糟透了的感受，根據她所說的，乃是一種像狗被輾過的那種獨特的糟糕經驗。

在巴絲卡所說的這個故事裡，由維根斯坦的反應，他顯然認為巴絲卡所說的，只不過是放屁的廢話。

現在我們假設，維根斯坦的確認為巴絲卡在述說自己的感受時是在說廢話，那麼他為什麼會這樣認為呢？我相信，他認為巴絲卡所說的，大體而言，與真實無關。她的敘述並不符合描述真實的應有態度，除了以非常模糊的方式描述外，她甚至連自己如何知道被輾的狗的感受這一點都沒去想過。她描寫自己的感受，因而只是隨便亂謅，從整件事情裡編出這一段，或者她聽別人這樣說過，遂不假思索，也不深究的如法套用。

正是因為這種不假思索的態度，維根斯坦才會消遣她，維根斯坦覺得惡劣的，乃是巴絲卡連自己的敘述是否正確都不關心。當然，她這麼說也可能是為了求生動和幽默，但卻表現得粗糙不得體而已。

而根據巴絲卡回憶裡所說的，維根斯坦的反應也是異乎常理的毫不寬容。但他會如此反應也很清楚了，他認為她在說到自己的感受時沒有用心，對相關事實沒有慎重的加以注意。她說的話並未付出最大的用心，對該求準確的地方並未費心的加以考慮。

因此，讓維根斯坦苦惱的，並非巴絲卡敘述她的感受時犯了錯誤，甚至並非因為這是粗率之錯，或者因為她的散漫或缺乏細心，這都不是她要正確表達時，讓錯誤溜進她語言中的原因。

對維根斯坦而言，他所看到的關鍵，乃是巴絲卡在描寫一種情況時，並未真正的自我約束以對事實做出準確的陳述。

她犯的錯，並不在於她沒有做對的事情，而在於她甚至沒有想過去做對它。

維根斯坦認為這一點至關重要，因為無論她的話是否合理，他都看得很嚴肅正經，意味著一段能描述她感覺的訊息。他逐字解釋，視為區分真假時的關鍵舉動，而不是對她所說的話是真是假毫不關心。

就這層意義來說，巴絲卡的陳述與事實無關，她並不在意自己那番話的事實價值。這是不能把她看成說謊的原因，因為她並沒有認為自己知道事實，因而她也無法刻意去宣揚她認為是假的事情。她的陳述並不是基於相信某事為真，也不是相信某事為假——這是說謊的要件。她的陳述缺乏一種在乎事實的關切，這種認為事實真相如何都沒有差別的態度，我認為就是狗屁或放屁的本質。

這時候，我就必須，當然是有選擇的，去查《牛津英語辭典》裡的一些條目，這對澄清狗屎或放屁的本質至為重要。

《牛津英語辭典》裡有一個條目「打屁大會」（Bull session），定義為：「一個非正式及談話或討論的場合，特別是指一群男子所為。」

從一個定義的觀點來看，它似乎不對。

原文用「公牛」（bull）為喻，主要似乎是在指它的性別特色。但縱使一堆圍著打屁，參與者一般來說都是男人，但若因此即斷定「打屁大會」不會比一樁男人之間的非正式的討論會更特別，那就和「女人打屁大會」（hen session）只被當成女性之間的非正式談話會一樣，都錯得太離譜了。

「女人打屁大會」的參與者必須是婦女，這可能是真的，但雖然如此，「女人打屁大會」這個名詞被設定專用，它所傳達的，比起婦女的非正式談話會有更特定的意義。

而我認為，所謂男子的打屁大會這種非正式討論會，也是這樣的：它的討論可能很熱烈並有意義，但在某些層面上，則「不是為了實際」。

男子打屁大會的特定主旨，與生命裡很私人性以及與情緒的各種層面有關，如宗教、政治和性等。人們如果覺得會被看得很嚴肅，一般就不願公開談論這些話題，而他們會在一起打屁，乃是因為參與者會試著表達各種想法與態度，以便了解別人聽到這些說法是什麼感受，以及察覺別人如何因應，而他們對所說的話是否為人相信則不重要，因而在打屁大會上每個人都知道，人們所說的並非表露出說者真正相信或真正的感受。

打屁大會的重要性在於讓更大的坦率，以及試驗著讓探討這些話題的方式成為可能。因此，參與這種場合的人皆有默契，大家可以不必負責任，以鼓勵他們表達心裡的話，也沒有怕惹上麻煩的焦慮。

易言之，參加打屁大會的每個人，所依賴的乃是一種普遍的認知，那就是他們所表現和所說的，不會被當作是心裡話，也不會被認為是他們信以為真的表現。他們談話的目的，不是要溝通信念。

因而，我們一般都認為「所說即所信」的這種關聯性，即暫時中止。

人們在打屁大會時所說的，和放屁相似之處，則在不受真假的限制。打屁大會和放屁的相似性，也顯示在另一個詞條「閒扯屁」（Shooting the bull）裡。「扯屁」指的是打屁的某種談話類型，其中的Shooting這個字，則非常可能是「拉屎」（Shitting）這個字的修飾版。因而「打屁大會」（Bull session）這個詞，非常可能是「狗屎大會」（Bullshit session）的消毒衛生版。

一個相同的詞條，在英國人用Bull這個字時也有一種例證。

《牛津英語辭典》對於**Bull**這種用法的定義是「無必要的例行任務或儀式；過分的規定，過份講究整潔，官僚主義」。字典裡提供了這種用法的如下例證：

「飛行中隊對於要繞著機場飛行的這種無聊任務，很不想合作。」（The squadron... felt very bolshie about all that **bull** was flying around the station.）（見格利德（I. Gleed）著《起而制

勝》（Arise to Conquer）第六章五十一節，一九四二年）

「他們把衛兵對著我們，而我們行進時則向右注視，盡是這些沒必要的繁文縟節。」（Them turning out the guard for us, us marching past eyes right, all that sort of **bull.**）（見貝隆（A. Baron）著《人類》（Human Kind）第二十四章一七八節，一九五三年）

「一個英國國會議員的單調生活和官僚主義。」（the drudgery and **bull** in an MP's life）（見《經濟學人》雜誌（Economist）二月八日，第四七〇／四七一號，一九五八年）

在這裡，「Bull」很顯然是在指沒有目標的任務，這種任務源於他們沒有其他事情可以發揮，藉以顯露組織最主要企圖或將組織需要他們的目的合理化。像過度的整潔和官僚主義，這對軍人或政府官吏的真正目標皆無所助益，然而這都是那些負責讓他們發揮目的之機關或官員所制定的。

因此，「無必要的例行任務或儀式」，乃是強加於人的活動，與動機的正當性並無關聯，它和人們在打屁大會上所說的話一樣，與他們固有的信念也無關；而放屁也同樣和真假沒有關聯。

再其次，Bull這個字，還有一種更廣泛且為人所熟知的用法，用來指不是那麼粗俗的「放屁」。

在《牛津英語辭典》裡即做了如此定義：「雞零狗碎，不誠實，或虛偽的談話及書寫；無厘頭。」由這樣的定義，顯示它所指的，其實並不能與缺乏意義和必然不重要有所區別。稱它為「無厘頭」或「雞零狗碎」，雖然並不含混，但卻南轅北轍。稱它為「不誠實或虛偽」才比較正確，但卻必須把這種定義磨得更尖銳，我手邊有兩個紀錄在案的定義：

一是一九一四年「方言注釋」第四冊第一六二頁：Bull，不中肯的談話，講空話。

二是一九三二年「泰晤士報文學增刊」，十二月八日：Bull乃是俚語名詞，夾雜了故弄玄虛，逞強的虛張聲勢，講空話，以及我們在部隊裡所稱的「愚弄」士兵等。

因此，稱它為「說話不中肯」的確很恰當，只是上述的兩種定義畢竟都太廣泛且含混，它涵蓋了離題扯細微末節以及單純的不對題，但兩者不必然是Bull的實際狀況，尤其是，當我們說「不中肯」時已留下一個不確定的問題，那就是所謂「中肯」是什麼意思？對此，上述兩個定義裡都提到的「講空話」（Hot air）倒是極有助益。

當我們稱一個人在講空話，我們的意思是他嘴上所噴出的只不過是股熱風，他的言說是空洞的，沒有實質與內容，也就是說，他使用語言不是為了要達成言談內容該達成的目的。

它沒有更多訊息來交流，說的人只是吐出熱氣。而吐出的熱氣與排泄物之間有著相似性，這也使得熱風成了放屁的最合適的同義詞。而正如同熱風乃是抽空所有訊息含量的言語，而排泄物則是吸乾一切營養後的殘餘，排泄物因而可以看成是營養品的屍體，是食物裡所有活力要素被用光後的剩餘。

從這個角度看，排泄物可以說是我們自己製造出來的一種死亡的意象，而的確，就在我們維繫生命的過程中，我們不得不製造它。而或許正因我們由食物製造出它的屍骸的過程是如此內在親密，遂使得我們對糞便這種屍骸排泄物無比厭惡，在任何情況下，排泄物不能用以維繫生命之目的，如同熱風不能用來交流。

這時候，讓我們來考慮大詩人龐德（Erza Pound, 1885-

1972，在瘋人院獲得國家文學獎）在《詩章》第七十四首裡的下述詩句。

《牛津英語辭典》在「放屁」這個詞條下，引用此詩，將這個字做為動詞。這首詩寫於一九四五年，他當時被關在美國陸軍設於義大利比薩的「懲罰中心」，詩句曰：

喲！這獄卒知道博覽群書啊？

知道那些書名叫做書的書嗎？（bible）
說出來，別對我放屁！

這是一種對事實的召喚，詩裡頭提到的那個人，很顯然被當成曾經聲稱自己很懂《聖經》的人，要不然就是曾經宣稱自己浸淫此書甚深。然而詩人質疑那只是空話，要求對方提出事實來證明。他不接受傳聞，堅持看到事實才算數。換句話說，詩人在向唬弄叫陣。

放屁和唬弄的關聯，很明確地在以下這則「Bluff」的定義當中得到確認，因此定義而聯想到龐德的詩句：

Bluff：及物和不及物動詞，意指對某人講些無意義的話；也可以用在講無意義的話以「唬弄」某件事。

放屁似乎包含了某種形式的故作唬弄。放屁也比較接近唬弄，而並非接近說謊。那麼，為何放屁比較接近唬弄而非說謊？唬弄和說謊間又有什麼主要的差別呢？

說謊和唬弄皆為錯誤表述或欺騙的型態。對說謊而言，它的概念裡最主要的乃是虛假：說謊者刻意的去傳播一種虛假。至於唬弄，也是要傳達某種虛假，但它並不像純粹說謊，更準確的說，乃是它不是在傳播虛假，而是「以假亂真」（fakery），這才是它和放屁比較接近的原因。

放屁的本質不在於它的假，而在於它是「騙人的東西」（phony）。

為了深入了解這種區別，我們必須知道「以假亂真」和「騙人的東西」，除了它的真實性之外，無論從任何角度看，它都不需要一定就比真正的東西差。不是正牌，不見得一定就有缺點，終究，它可能只是完完全全的拷貝。

假冒的東西之所以有問題，並不在於它像什麼，而在於它是怎麼做出來的。

這也指出了放屁的本質裡相似而基本的面向，即放屁所表現的並不理會真實，它不需要是假，放屁的人乃是在假冒事情，但這並不意謂著他就必然得做錯這些事。

英國小說家安伯勒（Eric Ambler, 1909-1998）在《下流故事》（Dirty Story）裡，有個角色辛普森（Arthur Abdel Simpson）回憶起他在兒童時代，父親曾對他做過這樣的教誨：

當我父親被殺時，我只有七歲。我對他仍記憶猶新，也記得他常說的事。……他最先教我的事情之一即是：「當你能藉著放屁而蒙混過去，就絕對不要說謊。」

由這段話已可看出，在說謊與放屁之間不只有重大的差異，而且人們在兩者之間也比較偏好放屁，而不喜歡說謊。

當然，辛普森的爸爸並不認為放屁在道德上高於說謊，他也不認為說謊對於達成目的的效果而言，說謊就一定不如放屁。畢竟，一個高竿聰明的謊言確實可能獲得完全的成功，他可能只是認為，和說謊比起來，放屁，更容易逃避人們的指責。

或者，即使他認為說謊和放屁被逮到的風險皆相同，但後果的嚴重性，放屁者一般皆比說謊者較不嚴重。

事實也是如此，人們對放屁的容忍度大過說謊，這可能是我們比較不把放屁視為一種人身冒犯。我們可能會儘量設法和放屁的行徑保持距離，但反應可能僅是不耐煩或生氣的聳聳肩，而不會像說謊常常激起的遭到侵犯的感覺以及因而為之震怒。

至於為何我們對放屁的態度比對說謊溫和？了解這個問題十分重要，我把這個問題當做習題，讓讀者們自己去思考。

思考的關鍵不是在說謊和放屁之間做出中肯的比較。前述的辛普森的父親，對說謊的另一種選擇是「靠放屁蒙混過去」，意思不只是採取一次放屁的行徑，而是一種盤算：什麼樣的環境需要，就採取什麼程度的放屁行為。這可能就是他心中偏好的關鍵處。

說謊是一種著眼點非常尖銳的行為，是一種設計，為的是在一組或一串信念當中，插入一個特定的虛假觀點，以迴避那種觀點被真實所占據而產生的結果。

說謊需要相當程度的技術水準，說謊的人會受限於他認為何者為真的客觀條件限制，因此他無可避免的必須關心真假。為了發明一種謊言，他必須設想自己知道什麼才是真的，為了創作出有效的謊言，他必須在真相的指引下，設計他的假象。

反之，一個企圖藉著放屁蒙混的人，就有更大程度的自由了。他的焦點是全景的，而不是特定的，他不會限定自己只在特定的觀點上插入假象，因此他不會受限於這個特定觀點周遭或交錯不可分的事實，必要的話，他可以好整以暇的假造整個脈絡。

在限制上，放屁比說謊更自由，當然，這不必然就意味著放屁的任務比說謊容易。但比起說謊，放屁這種創作模式所仰賴的分析和深思熟慮，則是少了很多。它更開闊、更獨立，有更多機會可以用來即興表演、渲染和玩弄想像。

放屁比較像藝術，不像技術，因而有個人們熟知的觀念「放屁藝術家」，我猜想前述老辛普森向他兒子教誨時，即顯示出他偏好放屁，並非因為放屁的相對優點與效果，亦非因為說謊的要求更嚴厲，而是被放屁這種創作模式所吸引。

我們說放屁是一種錯誤的表述，並不是指它所提到的事態，也不是放屁者對這種事態的看法。說謊之所以是錯誤表述，在於說謊的功效就是為了作假。

而放屁不必然是假話，它和說謊在錯誤表述的意圖上就有所不同，放屁的人可能沒有欺騙我們，不管是關於事實、或他如何看待事實，放屁的人甚至沒有欺騙人的意圖。放屁的人為了欺騙我們，非得嘗試不可的是他的企圖心，他唯一非具備不可的不同特質，就是為了達成他的目的而運用某種方式一路錯誤表述。

這就是區分放屁者和說謊者的關鍵，兩者都在努力傳達事實的時候，錯誤的表述自己，而他們各自的得逞，則有賴於我們受騙相信他們在努力傳達事實。不過，說謊者隱藏了這個有關於自己的事實：就是他企圖引導我們偏離對事實的理解，我們不知道他要我們相信的，是他已知為假的事情。

而放屁者所隱藏的事實，則是他表述內容的真實價值，他根本不在意。我們不能理解的是，放屁者的意圖既不是敘述真相，也不是掩飾真相。這並不意味他的言語是無秩序的衝動，重點在於指控和控制放屁者的動機，它與事實如何、談話真偽根本無關。

除非一個人認為自己知道真相，否則這個人不可能說謊，但是放屁的創作根本不需要做這種確認。因此，說謊就是在回應真相，他某個程度上面還是尊重真相。

當一個誠實的人說話，他只說自己相信為真的事情；至於說謊者，所說的就是自知為假的陳述。然而對放屁者來說，上述這些賭注都不存在：他既不在真實的這一邊，也不在造假的這一邊。說謊的人和誠實的人都把目光擺在事實上頭，放屁的人則根本不在意事實，除非這麼做能符合他的利益，讓他不受懲罰就逃過自己說過的話。他不在乎自己說的話是否真確的描述事實，他只挑選或編造，以符合他的目的。

神學之父聖奧古斯丁（St. Augustine, 354-430）在論文《說謊》（Lying）裡，把謊言分成八種類型，他所根據的是說謊的特有意圖和理由。而其中有七種話被當成謊言，只是因為這幾種話是達成某些目的所不可避免的手段，它們和徹底編造假信念並不相同。

換句話說，說話的人不是受到這七種話的虛假特質所吸引，而是認為這幾種謊言之所以非講不可，是為了達成目的，而不是為了欺騙。於是聖奧古斯丁認為它們是「不情願的」謊言，當事人真正要的不是說謊，他要的是達成某個目的。所以根據聖奧古斯丁的觀點，他們不算說謊，說這種話的人也就不算嚴格定義下的說謊者。

只有那剩下來的唯一一種，才符合他所定義的「說出來只是為了開心和騙人，才算是真正的謊言」。這類型的謊言，說出來的用意除了散播虛假以外，沒有任何目的。說這種話的目的就是為了說謊，純粹就是愛欺騙，聖奧古斯丁如此寫道：

一個人說了謊，以及一個說謊者，兩者是有區別的。前者說謊並不是心甘情願，而後者卻喜好說謊，並以說謊的樂趣度日。……後者在說謊裡得到快樂，並為欺妄而喜悅。

聖奧古斯丁所謂的「說謊者」和「真正的謊言」都很少見，也極不尋常。每個人都會說謊，但只有很少人只是因為愛說謊或欺騙而經常或永遠說謊。

對大多數人而言，一段陳述為假，不論該陳述多麼無力或容易遭到忽視，虛假陳述本身就構成人們不想做陳述的理由。反之，對聖奧古斯丁所謂的純粹說謊者，喜歡說謊才是做此陳述的理由。但在放屁者看來，虛假既不是喜歡、也不是抗拒做某一陳述的理由。

人在說謊或陳述事實的時候，都受到他們對事實真相的認知所導引，這種認知指引他們正確或欺妄的描述世界。基於這種理由，說謊並不會造成一個人不再適合講老實話；但放屁卻會造成一個人不去講老實話。毫無節制的放屁，也就是做任何論斷時只想著這場合適合說什麼，任何真假都毫不在意，於是，一個人關心事實的正常習慣會愈來愈差，甚至消失。

有人說謊話，有人說真話，他們玩的是相同遊戲的對立兩端。儘管一端是被「真」的權威所指引，另一端則否定「真」的權威，還拒絕「真」的要求，兩端卻都是各自根據他們對「真」的理解做回應。

放屁者根本就忽視這兩者的要求，這種人不像說謊者那樣拒絕「真」的權威、反對真實，他根本就不注意真實。就影響效力而言，放屁遠比說謊更嚴重，是「真實」的更大敵人。

一個人以公布或隱藏事實為念，乃是他相信真的有事實以某種確定而且可知的方式存在，他想說真話或說謊話，因為他們早已相信把事情搞對或搞錯是有差別的，至少有時候可說出這種差別。

但有些人不再相信某些陳述可鑑別為真，另一些可鑑別為假，則他們只有兩種選擇：其一，乃是對說真、說謊死了心，不管事實如何，不再做出主張和判斷；其二，則是繼續對事態的描述做出主張，但除了屁話之外，什麼都不是。

為什麼現在有那麼多屁話？

當然，我們無法確知現在的放屁就一定多過從前的任何時候。現在比從前已有更多種類的交流溝通，但放屁的比例或許並未增加。也許，不必去揣測現在的放屁是否比以前更多，我願提出一些思考，希望對當今至關重要的問題有所助益。

當情況需要人們去講他不知道在講什麼的時候，放屁即不可避免。

因此，當一個人有責任或有機會，針對某些話題去發表超過了他對該話題相關事實的知識時，放屁的行徑即被刺激而出。

這種矛盾在人們的公共生活裡非常普遍，人們經常會被迫——無論基於他的本性或來自別人的要求——去廣泛的談論在某個程度上他無知的事情。當今人們普遍相信，作為民主社會之公民，有責任要對所有的事或至少有關國家的任何事都表示意見，在這種情況下，許多和屁話密切相關的案例遂告出現。

一個人的意見和他對現實的理解間缺乏有效的關聯，這種問題就會變得很嚴峻，當然，更別說當某些人相信自己是個有良知的道德角色，有責任來評估世上各類事件與條件時，放屁問題就更嚴重了。

此外，當今放屁現象氾濫，還有更深層的原因，那就是目前各類懷疑主義大盛，它否認我們對一件客觀實體的掌握途徑是足以信賴的，因而認為我們不可能知道何者為真。

這種「反真相」的信條，漸漸蛀蝕掉我們對公正無私努力來解決孰真孰假的信心時，也蛀蝕掉我們對客觀調查來了解他人觀點的信心。個人對這種信心喪失的回應是，從致力追求「正確無誤」的理想信條上退縮，轉而追求所謂「誠意」的這種替代性理想。

於是個人不再把追求「共同世界中的真確表述」當成首要目

標，轉而試圖提出他自己的誠實表述。由於他相信：真相不再是與生俱來的本質，原本他希望藉此本質來鑑別事物的真實性，如今他只好自個兒努力忠於自己的本質。也就是說，「忠於事實」已經不再有意義，於是他以「忠於自己」來代替。

但這其實是荒謬的想像：我們認為自己是受到明確限制的，容易受到正確或不正確敘述的影響，然而我們又同時認為，這種受限性都要歸因於一切錯誤呈現出來的事物。人作為一種有意識的存在，我們的存在就是為了回應其他事物，而我們不了解其他事物，就完全無法了解自己，那又怎麼忠於自己？

其次，在理論上、特別是在經驗上，沒有任何東西可以支持這種不尋常的判斷——人最容易知道和自己有關的「真實」。和我們自己有關的事實，並不特別堅定、也不特別能夠抗拒懷疑心態造成的瓦解。其實，我們的本質相當難以捉摸的脆弱，不比其他東西的本質穩定，也不那麼與生俱來。

因此，當大家以「誠意」為名，相信自己才是最後標準時，所謂的「誠意」，也就成了放屁！

放屁：名利雙收的詭話

ON BULLSHIT

作　　者—哈里．法蘭克福（Harry G. Frankfurt）
譯　　者—南方朔
主　　編—湯宗勳
編　　輯—Sabby Wang
企　　劃—王聖惠
美術設計—陳恩安
內文排版—極翔企業有限公司

董 事 長—趙政岷
出 版 者—時報文化出版企業股份有限公司
10803台北市和平西路三段二四〇號一至七樓
發行專線—（〇二）二三〇六六八四二
讀者服務專線—〇八〇〇二三一七〇五
（〇二）二三〇四七一〇三
讀者服務傳真—（〇二）二三〇四六八五八
郵撥—一九三四四七二四時報文化出版公司
信箱—台北郵政七九～九九信箱

時報悅讀網—http://www.readingtimes.com.tw
電子郵箱—new@readingtimes.com.tw
法律顧問—理律法律事務所　陳長文律師、李念祖律師
印　　刷—盈昌印刷有限公司
初版一刷—二〇一九年八月九日
定　　價—新台幣二二〇元

時報文化出版公司成立於一九七五年，
並於一九九九年股票上櫃公開發行，於二〇〇八年脫離中時集團非屬旺中，
以「尊重智慧與創意的文化事業」為信念。

放屁：名利雙收的詭話 / 哈里．法蘭克福（Harry G. Frankfurt）著；南方朔譯. -- 一版. -- 臺北市：時報文化, 2019.08
128 面；18.6×11.7公分

譯自：On bullshit
ISBN 978-957-13-7884-8(平裝)

1.社會倫理 2.誠實

195.3　　108011039

ISBN 978-957-13-7884-8
Printed in Taiwan